La vida en las CAPAS OCEÁNICAS

Unidades de medida

John Lockyer

Créditos de publicación

Editora
Sara Johnson

Directora editorial
Emily R. Smith, M.A.Ed.

Editora en jefe
Sharon Coan, M.S.Ed.

Directora creativa
Lee Aucoin

Editora comercial
Rachelle Cracchiolo, M.S.Ed.

Créditos de imagen

El autor y los editores desean agradecer y reconocer a quienes otorgaron su permiso para la reproducción de materiales protegidos por derechos de autor: portada Photodisc; pág. 1 Photodisc; págs. 4-5 123rf; págs. 6-7 iStockphoto; pág. 8 Photodisc; pág. 9 Photodisc; pág. 9 (recuadro) Auscape; págs. 10, 11, 12, 13 Photolibrary.com; pág. 14 Alamy; pág. 15 Wikipedia; pág. 16 Auscape/John Lewis; pág. 17 Jupiter Images; pág. 18 iStock Photos; págs. 19, 20, 21, 22, 23 NOOA Photo Library; págs. 24-25 Shutterstock; pág. 25 (ambos recuadros) Photolibrary.com; págs. 26-27 Photodisc; pág. 28 Alamy; pág. 29 Photolibrary.com.

Agradecemos a Peter Batson, Deep Sea Photography, por su ayuda experta.

Si bien se ha hecho todo lo posible para buscar la fuente y reconocer el material protegido por derechos de autor, los editores ofrecen disculpas por cualquier incumplimiento accidental en los casos en que el derecho de autor haya sido imposible de encontrar. Estarán complacidos de llegar a un acuerdo adecuado con el legítimo propietario en cada caso.

Teacher Created Materials

5301 Oceanus Drive
Huntington Beach, CA 92649-1030
http://www.tcmpub.com
ISBN 978-1-4938-2935-4

Contenido

Un océano

¿Sabías que el agua del océano cubre más del 70 % de la superficie de la Tierra? Les damos nombres a cada una de estas 5 partes de agua. Las llamamos océanos. Pero, todas estas aguas fluyen conjuntamente en un gran océano llamado océano mundial.

Océanos de la Tierra

ÁRTICO

Europa

América del Norte

Asia

ATLÁNTICO

África

PACÍFICO

PACÍFICO

América del Sur

ÍNDICO

Australia

ANTÁRTICO

Antártida

El océano es poco profundo en algunas áreas y muy profundo en otras. Muchas plantas y animales viven en las áreas de poca profundidad. Otros viven en las **fosas** más profundas del océano.

¿Qué profundidad tienen los océanos?

Nombre	Punto más profundo (pies)	Punto más profundo (metros)
Océano Pacífico	36,198	11,033
Océano Atlántico	28,231	8,605
Océano Índico	23,812	7,258
Océano Antártico*	23,736	7,235
Océano Ártico	15,305	4,665

* El océano Antártico fue identificado y nombrado en el 2000.

Capas oceánicas

El océano se puede dividir en capas **horizontales** llamadas **zonas.** Cada zona recibe una cantidad diferente de luz y calor del sol.

Profundidades de las zonas del océano

Zona	Profundidad (pies)	Profundidad (metros)
zona iluminada	0–655	0–199
zona crepuscular	656–3,279	200–999
zona oscura	3,280–13,119	1,000–3,999
zona abisal	13,120–19,689	4,000–5,999
zona de fosas oceánicas	19,690–36,198	6,000–11,033

EXPLOREMOS LAS MATEMÁTICAS

Esta tabla muestra pies y metros como **unidades** de medida. Ambas unidades pueden medir longitud o profundidad.

a. Algunos tiburones pueden nadar en alrededor de 300 pies de profundidad en el agua. ¿A cuántas yardas equivale esto?
   Pista: 3 pies = 1 yarda

b. Algunos pingüinos se sumergen a una profundidad de cerca de 200 yardas. ¿A cuántos pies equivale esto?

c. ¿Qué profundidad tiene la zona abisal en kilómetros?
   Pista: 1 kilómetro = 1,000 metros

La zona iluminada es cálida y recibe la luz solar. Puedes nadar en ella. Pero la zona de las fosas oceánicas es helada y no tiene luz. ¡No puedes nadar allí abajo!

Zonas del océano

ZONA ILUMINADA
Las aguas son cálidas y reciben luz solar. La mayoría de los animales del océano y todas las plantas del océano viven aquí.

655 ft
(199 m)

ZONA CREPUSCULAR
La luz comienza a desaparecer aquí. Esta zona se hace más oscura y fría a medida que aumenta la profundidad.

3,279 ft
(999 m)

ZONA OSCURA
Esta zona es completamente oscura. El agua está a una temperatura muy fría.

13,119 ft
(3,999 m)

ZONA ABISAL
Esta zona alcanza el suelo oceánico. La temperatura está cerca del congelamiento, entre 35 ˚F y 39 ˚F (2 ˚C y 4 ˚C). Solo unos pocos animales viven aquí.

19,689 ft
(5,999 m)

ZONA DE LAS FOSAS OCEÁNICAS
Las fosas oceánicas son la parte más profunda del suelo oceánico. Extrañas **especies** viven aquí.

36,198 ft
(11,033 m)

La vida en la zona iluminada

La zona iluminada es la zona más pequeña del océano en relación con el **volumen** de agua. Sin embargo, el 98 % de los animales marinos conocidos viven aquí. Partes de la zona iluminada son bosques de algas marinas, llenos de alimento y vida. Hay muchas algas marinas y plantas diminutas que pueden comer los numerosos animales marinos.

El océano Pacífico tiene algas marinas gigantes que crecen hasta 197 pies (60 m) de altura.

Las almejas, las lombrices y las **anémonas** viven sobre el suelo oceánico cerca de la costa. El agua aquí no es muy profunda. Las langostas, los cangrejos y las rayas cazan estos animales pequeños para comerlos. Los peces comen camarones y cangrejos. Los tiburones y delfines cazan peces más pequeños. Todas estas plantas y animales forman parte de una **cadena alimentaria**.

Una raya caza alimento sobre el suelo oceánico.

Pez volador

El pez volador puede saltar fuera del agua para escapar de peces más grandes. Puede volar por el aire durante 30 segundos en cada vuelo. Alcanza velocidades de hasta 37 millas por hora (59.5 km/h).

Los corales crecen en el agua cálida de la zona iluminada. Los corales pueden parecer plantas, pero son animales. También pueden formarse **arrecifes** de coral. Los arrecifes de coral son como parques de vida silvestre bajo el agua. Los animales y los peces pequeños viven y se alimentan de los corales. Las anguilas y los tiburones cazan los animales más pequeños.

Un gran arrecife

El arrecife de coral más grande del mundo es la Gran Barrera de Coral en Australia. Mide 1,260 millas de largo (2,028 km). Tiene 3,000 clases diferentes de animales, incluidas 350 clases de corales y 2,000 clases de peces.

El océano abierto está lejos de la costa. Aún forma parte de la zona iluminada pero hay mucha menos vida marina allí. Los animales marinos tienen que viajar lejos para encontrar alimento.

El kril es un animal diminuto del océano. Nada en enormes grupos en el océano abierto. Las ballenas, los peces, las focas y los pingüinos se alimentan de kril.

Las ballenas jorobadas pueden comer hasta 2.2 toneladas (1,996 kg) de kril por día. ¡Eso equivale al peso de un camión pequeño!

EXPLOREMOS LAS MATEMÁTICAS

La especie más pequeña de pingüino es el pingüino pequeño. Un adulto pesa 2 libras. *Pista:* 1 libra = 16 onzas

a. ¿Cuántas onzas pesarían en total 7 pingüinos pequeños adultos?

b. Si un grupo de pingüinos pequeños adultos pesa 10 libras en total, ¿cuántas onzas son?

c. ¿Cuántos pingüinos pequeños adultos suman un total de 32 libras?

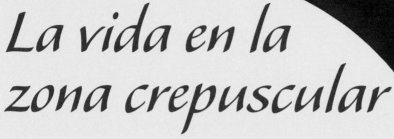

La vida en la zona crepuscular

La luz en la zona crepuscular es solamente un débil resplandor azul. El agua es fría, alrededor de 41 °F (5 °C). Algunos de los animales que viven aquí tienen ojos grandes que los ayudan a ver. Muchos de estos animales son plateados, rojos o tienen colores claros. Algunos de estos animales tienen una piel especial que los hace resplandecer.

El calamar gigante vive en estas profundidades **sombrías**. Puede crecer hasta 45 pies (14 m) de longitud. Pesa hasta 772 libras (350 kg). ¡Tiene los ojos grandes como platos!

El cachalote caza calamares gigantes. Puede sumergirse a más de 4,000 pies (1,219 m) y contener la respiración durante más de una hora. El hocico grande y achatado del cachalote es como una enorme pesa que lo ayuda a hundirse hasta estas profundidades.

cachalote

EXPLOREMOS LAS MATEMÁTICAS

Los cachalotes cazan calamares gigantes.

a. ¿Cuál de estas unidades de medida crees que describe mejor el peso de un cachalote?

1. 45 onzas   **2.** 45 libras   **3.** 45 toneladas

Un calamar gigante puede crecer hasta 45 pies (14 m) de longitud. Un campo de fútbol mide 360 pies (110 m) de longitud.

b. ¿Cuántos calamares gigantes podrían caber en la longitud de un campo de fútbol?

c. ¿Cuántas yardas mide un calamar gigante de 45 pies de largo?
Pista: 3 pies = 1 yarda

La vida en la zona oscura

La zona oscura no tiene luz y la temperatura del agua es muy fría. Muchos animales que viven allí producen su propia luz para ver. Abajo en la zona oscura, el alimento puede ser difícil de encontrar. A menudo, estos animales tienen formas especiales para atrapar la comida.

El rape tiene un tallo en la cabeza con una luz en la punta. La luz atrae las **presas**.

La anguila abisal es como una enorme boca nadadora. Puede desencajar las mandíbulas para atrapar peces más grandes que ella misma.

El pez víbora tiene dientes largos como agujas.

La vida en la zona abisal

La zona abisal es completamente oscura y casi helada. En el fondo de esta zona, el suelo oceánico es como una enorme llanura lodosa. Millones de **esqueletos** de **plancton** han ayudado a formar esta gruesa capa de lodo. Pero hay vida aquí en el abisal. Lombrices, estrellas de mar, arañas de mar gigantes y cangrejos viven sobre el suelo oceánico. Algunos peces también viven aquí. Comen el alimento que se hunde y llega desde las capas oceánicas superiores.

Una araña de mar gigante en la zona abisal

En el suelo oceánico también hay **respiraderos** que expulsan agua caliente. El agua tiene una temperatura de cerca de 662 °F (350 °C). Es sorprendente pensar que algunos animales puedan vivir cerca de estos respiraderos. Las almejas gigantes y los gusanos de tubo se alimentan de las **bacterias** que viven en estas aguas calientes.

Respiraderos submarinos con gusanos de tubo gigantes alrededor de ellos

EXPLOREMOS LAS MATEMÁTICAS

Algunas arañas de mar tienen patas que miden hasta 30 centímetros de longitud. Elige la respuesta a continuación que muestra cuántos milímetros hay en 30 centímetros. *Pista:* 10 milímetros = 1 centímetro

a. 3 milímetros

c. 300 milímetros

b. 3,000 milímetros

d. 30 milímetros

La vida en las fosas

Las fosas oceánicas son la parte más profunda del suelo del océano. La fosa más profunda del mundo es la fosa de las Marianas. La fosa de las Marianas se encuentra en el océano Pacífico. La parte más profunda de la fosa de las Marianas se conoce como profundidad Challenger. La profundidad Challenger tiene una profundidad de 36,198 pies (11,033 m).

▽ Fosa
de las
Marianas

OCÉANO PACÍFICO
NORTE

OCÉANO
PACÍFICO SUR

superficie oceánica

fosa

Este diagrama muestra una fosa en el suelo oceánico.

Al igual que en la zona abisal, se han encontrado bacterias que viven en la fosa de las Marianas. El suelo del mar en la fosa está compuesto por barro.

¡Eso sí que es profundo!

El monte Everest es el punto más alto de la Tierra. Alcanza los 29,035 pies (8,850 m). Pero si colocáramos el monte Everest en la parte más profunda de la fosa de las Marianas, ¡aún habría más de 6,000 pies (1,830 m) de agua sobre él!

El estudio del océano

Los oceanógrafos son científicos que estudian el océano. Trabajan en barcos de **investigación**. Pueden pasar semanas o meses en el mar. Los oceanógrafos miden la profundidad y la temperatura del océano. También analizan los niveles de sal y la **presión** del océano.

Los oceanógrafos usan **satélites** para crear mapas que muestran la temperatura de la superficie del océano.

Los oceanógrafos han encontrado maneras de aprender sobre el fondo oceánico profundo. Usan máquinas llamadas **sumergibles**. Los sumergibles están construidos para soportar una fuerte presión del agua. ¡La presión del agua en la fosa de las Marianas es más o menos lo mismo que tener 50 aviones jumbo encima tuyo!

Exploración del *Titanic*

El sumergible conocido como *Alvin* puede alcanzar 14,764 pies (casi 4,500 m). Llevó los primeros visitantes hasta el *Titanic*, 73 años después de que este barco se hundió.

La exploración de las profundidades

En la década de 1930, el Dr. William Beebe inventó la primera **nave** submarina de aguas profundas. Era una bola de acero grande con ventanas de vidrio grueso. Se elevaba y bajaba con un cable fuerte desde un barco. En 1934, el Dr. Beebe y Otis Barton descendieron 3,028 pies (923 m) en el océano.

La primera nave submarina de aguas profundas

En la actualidad, los sumergibles de aguas profundas tienen sus propios motores. Tienen luces y cámaras. Toman fotografías de los animales de las aguas profundas. Algunos sumergibles tienen brazos robóticos para recoger muestras del suelo oceánico.

Este brazo robótico recoge coral de aguas profundas para el estudio de los científicos.

EXPLOREMOS LAS MATEMÁTICAS

El sumergible *Alvin* puede alcanzar profundidades de 4,500 metros. La nave submarina del Dr. Beebe alcanzó una profundidad de 923 metros. Aproximadamente, ¿cuántos metros más que la nave del Dr. Beebe puede alcanzar *Alvin*?

El futuro de nuestro océano

La pesca es una forma de vida para millones de personas en todo el mundo. Pero ahora algunas reservas de peces están disminuyendo. Se cree que se **sobrepesca** alrededor del 25 % de las especies de peces del mundo. En la actualidad, los gobiernos de todo el mundo trabajan para resolver este problema. Algunas partes del océano son ahora parques marinos, lo que significa que la pesca está prohibida en estas áreas.

Un barco pesquero

A veces, los barcos petroleros derraman petróleo en el océano. Los derrames de petróleo pueden causar mucho daño. Los científicos buscan nuevas formas de limpiar los derrames de petróleo.

Un barco derramando petróleo

EXPLOREMOS LAS MATEMÁTICAS

Los barcos derraman alrededor de 3 millones de toneladas de petróleo en el océano por año. En total, ¿cuánto petróleo se derrama:

a. en 25 años?

b. en 50 años?

¿Cuántos años han pasado si:

c. se derramaron 30 millones de toneladas de petróleo?

d. se derramaron 300 millones de toneladas de petróleo?

La vida en todas las capas

El océano es un enorme mundo acuático. Los animales viven en todo el océano. Algunos viven sobre el profundo y oscuro suelo oceánico. Otros nadan en la cálida zona iluminada. ¡El océano es realmente un lugar increíble!

EXPLOREMOS LAS MATEMÁTICAS

Usa la tabla de la página 27 para responder estas preguntas.

a. ¿Qué animales de la zona iluminada miden exactamente 10 yardas de longitud? *Pista:* Recuerda, 3 pies = 1 yarda

b. ¿Cuántas veces más grande es una almeja gigante de la zona abisal que un cangrejo de la zona iluminada?

Vida del océano

Animales y plantas	Longitudes promedio
Zona iluminada 0–655 pies (0–199 m)	
cangrejos	6 pulgadas (15 cm)
pez volador	14 pulgadas (36 cm)
bacalao	20 pulgadas (51 cm)
anguilas	40 pulgadas (102 cm)
focas	7 pies (2 m)
pez vela	10 pies (3 m)
tiburones	30 pies (9 m)
tiburón ballena	40 pies (12 m)
alga marina	197 pies (60 m)
Zona crepuscular 656–3,279 pies (200–999 m)	
kril	0.5 pulgadas (1 cm)
calamar gigante	45 pies (14 m)
ballena jorobada	52 pies (16 m)
cachalote	60 pies (18 m)
Zona oscura 3,280–13,119 pies (1,000–3,999 m)	
rape	22 pulgadas (55 cm)
anguila abisal	40 pulgadas (1 m)
Zona abisal 13,120–19,689 pies (4,000–5,999 m)	
almeja gigante	12 pulgadas (30 cm)
araña de mar	14 pulgadas (36 cm)
gusano de tubo gigante	8 pies (2 m)

Tiburones en el salón de clases

Los estudiantes de la escuela primaria Seaview han estado aprendiendo sobre tiburones. Quieren hacer dibujos de tiburones de tamaño real para exponer en las paredes del salón de clases. Cada pared del salón de clases mide 45 pies (13.7 m) de longitud.

Los estudiantes deciden exponer los dibujos de los siguientes tiburones:

Tipo de tiburón	Longitud del tiburón
azotador	15 pies (4.5 m)
ángel	5 pies (1.5 m)
de Groenlandia	20 pies (6 m)
cabeza de toro	3 pies (0.9 m)

¡Resuélvelo!

Usa la información de la tabla para responder las siguientes preguntas. Ten en cuenta que los dibujos se expondrán de extremo a extremo.

a. ¿Cuántos dibujos de tiburones azotadores caben en 1 pared?

b. ¿Cuántos dibujos de tiburones ángel caben en 1 pared?

c. ¿Cuántos dibujos de tiburones de Groenlandia caben en 1 pared?

d. ¿Cuántos dibujos de tiburones cabeza de toro caben en 1 pared?

e. Explica cómo resolviste las preguntas **a** y **d**.

Glosario

anémonas: criaturas marinas gelatinosas con tentáculos punzantes

arrecifes: crestas de roca y coral cerca de la superficie del océano

bacterias: organismos diminutos

cadena alimentaria: un sistema natural en el cual algunos animales comen otros animales y plantas para alimentarse

especies: tipos de animales

esqueletos: los huesos de un animal o el caparazón externo duro de algunas criaturas marinas

fosas: cañones profundos y largos en el suelo del océano

horizontales: superficies planas paralelas al horizonte

investigación: estudio

nave: vehículo acuático, como un bote o submarino

plancton: organismos diminutos que viven en el océano

presas: animales que otros animales cazan y matan para alimentarse

presión: fuerza

respiraderos: fuentes termales de agua

satélites: máquinas en el espacio que orbitan la Tierra y recopilan datos

sobrepesca: cuando se atrapan demasiados peces, con lo que se pone en peligro la especie

sombrías: no muy bien iluminadas

sumergibles: vehículos que pueden viajar por debajo del agua

unidades: medidas de cantidad

volumen: cantidad

zonas: capas oceánicas

Índice

Exploremos las matemáticas

Página 6:
a. 300 pies ÷ 3 = 100 yardas
b. 200 yardas × 3 = 600 pies
c. 4 a 5.9 km

Página 11:
a. 2 libras = 32 onzas, entonces
  7 pingüinos × 32 onzas cada uno
  = 224 onzas
b. 1 libra = 16 onzas, entonces
  10 libras = 160 onzas
  El grupo pesa 160 onzas
  en total.
c. 32 libras ÷ 2 libras cada uno
  = 16 pingüinos adultos

Página 13:
a. 3. 45 toneladas
b. 360 pies ÷ 45 = 8 calamares gigantes
c. 45 pies ÷ 3 = 15 yardas

Página 17:
c. 300 milímetros

Página 23:
4,500 m − 923 m = 3,577 metros

Página 25:
a. 3 × 25 años = 75 millones de toneladas
b. 3 × 50 años = 150 millones de
  toneladas
c. 30 ÷ 3 millones de toneladas = 10 años
d. 300 ÷ 3 millones de toneladas =
  100 años

Página 26:
a. Tiburones
b. 2 veces más grande

Actividad de resolución de problemas

a. Un tiburón azotador mide 15 pies de longitud. 15 pies × 3 = 45 pies, entonces
  3 dibujos de tiburones azotadores caben en 1 pared.

b. 45 pies ÷ 5 pies = 9 pies, entonces 9 dibujos de tiburones ángel caben en 1 pared.

c. 20 pies + 20 pies = 40 pies. Solo 2 dibujos de tiburones de Groenlandia de
  tamaño completo caben en una pared de 45 pies.

d. Un tiburón cabeza de toro mide 3 pies de longitud. 45 pies ÷ 3 pies = 15 pies,
  entonces 15 dibujos de tiburones cabeza de toro caben en 1 pared.

e. Las respuestas variarán.